Escrito por

Daniele Vanzan

com participação de

Milton Menezes

Não consigo desgrudar da mamãe

ilustrado por

Rafael Sanches

3ª edição
3.000 exemplares
Do 6º ao 9º milheiro
Abril/2022

© 2016 - 2022 by Boa Nova Editora.

Capa e Ilustrações
Rafael Sanches

Diagramação
Juliana Mollinari

Revisão
Alessandra Miranda de Sá

Assistente Editorial
Ana Maria Rael Gambarini

Coordenação Editorial
Ronaldo A. Sperdutti

Impressão
Gráfica BMF

O produto da venda desta obra é destinado à manutenção das atividades assistenciais da Sociedade Espírita Boa Nova, de Catanduva, SP.

1ª edição: Outubro de 2016 – 3.000 exemplares

Dados Internacionais de Catalogação na Publicação (CIP)
(Câmara Brasileira do Livro, SP, Brasil)

Vanzan, Daniele
    Não consigo desgrudar da mamãe / escrito por Daniele Vanzan ; com a participação de Milton Menezes. -- Catanduva, SP : Instituto Beneficente Boa Nova, 2016.

    ISBN 978-85-8353-052-7

    1. Literatura infantojuvenil I. Menezes, Milton. II. Título.

16-07573   CDD-028.5

Índices para catálogo sistemático:

    1. Literatura infantil   028.5
    2. Literatura infantojuvenil   028.5

Dedicatória:

Este livro é dedicado aos meus pais, Ione e Nilton, que receberam, guiaram e amaram incondicionalmente uma criança Chico possibilitando que ela superasse seu sofrimento e pudesse utilizá-lo hoje como ferramenta primordial na ajuda de tantas outras Crianças e Famílias.

Agradecimentos:

Meus sinceros agradecimentos:

Ao meu marido, companheiro e mestre Milton por ter me apoiado e partilhado comigo a geração de mais um filho em comum destinado ao alívio do sofrimento de crianças sempre me incentivando, admirando e inspirando.

Ao meu amado filho, Matheus, por ser minha grande motivação e alegria de viver. Meu maior companheiro desta jornada e meu mestre em tantos momentos.

A meus irmãos, Ana Paula e Rodrigo, pela parceria nesta vida e pelo amor e confiança que sempre depositaram em mim.

Aos sobrinhos que tanto amo, Pedro, Enzo, Enrico e Manuela que participaram com interesse e dedicação deste meu sonho, despendendo horas de suas férias no Rio para ouvirem as estórias do Chico e confeccionarem os desenhos para o livro.

Aos meus cunhados, Alexandre e Flávia, irmãos que esta vida me trouxe e que me acompanham nesta minha jornada com admiração e carinho.

A "Tinês" minha mãezinha do coração e minha Dinda Heny por acreditarem em mim, me amarem e me apoiarem mais de perto na realização deste sonho e em tudo que sempre precisei. E não poderia deixar passar meus tios e primos que me acompanharam de mais longe nesta empreitada, porém com o mesmo amor. – família, eu amo vocês!

A minha irmã de alma e parceira de trabalho em mais esta existência, Yara Dias e suas estrelas, por trazerem luz infinita a todos os buracos nebulosos que existiam em minha alma.

A minha querida ajudante, Denise Teotônio, que torce, admira e me apóia cuidando de meu tesouro maior em casa para que eu possa sair tranquila para socorrer e ajudar tantas crianças, jovens e adultos no meu consultório!

As minhas amigas verdadeiras, irmãs de alma que a vida me presenteou que seguem torcendo por mim e me apoiando sempre no que preciso.

A todos os clientes que tive e tenho o imenso prazer e privilégio em atender e suas famílias. Muito obrigada por iluminarem a minha vida com a luz de suas existências e suas estórias de vida!

E a todos os meus mestres, professores e mentores que me orientaram e me guiaram por este caminho maravilhoso de ajuda onde a maior ajudada sempre serei eu.

Chico é um menino incrível. É um bom amigo, divertido e estudioso, e cuida de todos à sua volta, sendo também um filho muito obediente. Quando sua mãe está por perto, ele brinca e se diverte bastante! Como é bom brincar perto da mamãe.

Mas, quando Chico tem que se afastar de sua mãe, ele sofre muito. Quanta coisa ruim acontece dentro dele... Dá logo uma vontade de chorar, um aperto no peito, um medo e uma vontade de agarrar bem forte a mamãe, para ela não desgrudar nunca mais dele!

A mamãe fala que ela vai e depois volta para buscá-lo; que eles vão se afastar só por um tempinho; e que na escola ele terá muitas coisas legais para fazer. Mas Chico fica desesperado e, apesar do que sua mãe diz, sente-se como se ela não fosse voltar nunca mais!

Às vezes, quando sua mãe não está por perto, Chico consegue se distrair e se divertir com os amigos. São momentos muito agradáveis, que ele não teria se estivesse grudado na mamãe.

Mas tem alguns momentos, na escola, em que bate uma saudade tão grande da mamãe, que Chico não consegue aproveitar nada! Enquanto seus amigos correm, pulam e se divertem, Chico se esconde ou se encolhe em um canto qualquer, em sofrimento, chorando e querendo só a mamãe.

Até que chega a hora da saída da escola... E lá está a mamãe, esperando Chico sair para contar todas as novidades que aconteceram na escola, enquanto voltam para casa juntinhos de novo. Que alívio ver a mamãe ali.

A mamãe de Chico vive preocupada com esse "grude" do filho. Ela pensa: "Se eu deixo Chico na escola e sempre volto para buscá-lo, por que será que ele sofre tanto? Gostaria que meu filho pudesse aproveitar esses momentos com a certeza e a tranquilidade de que logo voltarei... O que posso fazer para ajudá-lo?"

Preocupada com o sofrimento do filho, a mãe de Chico foi conversar com a diretora da escola, que a aconselhou a buscar a ajuda de um terapeuta para amenizar o sofrimento deles.

Então, um dia, ela se sentou com Chico e conversou:

— Filho, quando sentimos coisas ruins, que nos causam sofrimento ou que atrapalham nossa vida, mas que muitas vezes não conseguimos controlar, podemos contar com a ajuda de um terapeuta. Eles são pessoas que podem nos ajudar a entender por que nos sentimos e reagimos de determinada forma, e a mudar as coisas que sozinhos não conseguimos mudar.

Chico logo se animou e não demorou muito para saírem em busca de um bom terapeuta. Ele não via a hora de deixar de sentir toda aquela tristeza.

Ansioso, Chico perguntou:

— Como vou saber qual é a pessoa certa para me ajudar com isto que estou sentindo?

E sua mãe lhe respondeu:

— Seu coração nos dirá! Teremos encontrado a pessoa certa quando seu coração se encher de alegria e você tiver vontade de voltar mais vezes no terapeuta.

Puxa, como a mãe de Chico era esperta!

CONSULTÓRIO

A mãe de Chico tinha marcado uma consulta. Lá foram todos para a sessão: papai, mamãe e Chico. Nesse dia, todos puderam falar sobre o que vinha acontecendo com Chico quando precisava se afastar da sua mãe: ele não conseguia desgrudar da mamãe! E começaram a pensar nas coisas que Chico perdia enquanto estava preso à mãe: o cinema com os amigos, férias na casa do primo que ele amava, dormir na casa do amigo ou da vovó... Puxa, quantos momentos divertidos ele deixava para trás!

A terapeuta fez muitas perguntas sobre a escola, a rotina de casa e a época em que Chico era bem pequenino. Os pais precisaram entrar com Chico mais algumas vezes, para falar de coisas que ele não sabia ou não lembrava. A terapeuta anotava tudinho.

Mas logo, logo Chico começou a entrar sozinho para a terapia, enquanto sua mãe o esperava na antessala. E lá dentro ele e a terapeuta desenhavam, conversavam, brincavam, imaginavam e criavam muitas histórias. O tempo parecia voar! Chato era ter que parar a sessão e esperar o próximo dia de voltar à terapia...

Quanto mais Chico ia lá, mais vontade tinha de voltar!

Certo dia, a terapeuta contou a Chico sobre sua impressão: parecia que havia um barbante amarrando Chico à sua mãe, um barbante grosso e firme, capaz de mantê-los bem presos um ao outro, mas que, ao mesmo tempo, os impedia de fazer coisas importantes e muito legais separados!

Chico falou para a terapeuta que sentia muito medo, pois era como se, caso ele se afastasse muito da mamãe, esse barbante fosse arrebentar e fazer com que se perdessem para sempre, sem poderem mais se reencontrar. Como era difícil sair de perto dela...

E, ao conversar sobre tudo isso, Chico sentiu o sinal que esperava: confiou que, mesmo não entendendo nada ainda sobre seu medo, suas horríveis sensações e as reações que tinha quando a mãe se afastava dele, sua terapeuta compreendia a situação, parecendo saber o caminho certo para acabar com tudo aquilo.

Juntos, Chico e sua terapeuta começaram a pesquisar o que Chico sentia naqueles momentos em que não conseguia desgrudar da mamãe. E descobriram que ele sentia MEDO... Mas medo de quê?
Foi então que passaram a explorar o que causava esse medo, e aos poucos as brincadeiras começaram a trazer algumas histórias à tona. Eram tantas...

Chico passou algumas sessões brincando com bonecos ou usando bichinhos de pelúcia que haviam sido abandonados pela mãe. E ele e a terapeuta, na brincadeira deles, encontravam os bonecos abandonados e cuidavam deles dando-lhes um lar, alguns cuidados e uma família. Essa brincadeira, foi Chico que escolheu fazer. Nossa, como ele ficava feliz cada vez que encontravam e cuidavam dos bonecos abandonados! Algumas vezes, quando a mãe de Chico era convidada para brincar com eles, ela também os ajudava a encontrar o bichinho abandonado; a dar um lar para ele; além de alimentá-lo, dar-lhe banho, comida e carinho, até que o animal pudesse se sentir seguro e parasse de ter medo.

Em outros encontros, eles puderam desenhar ou brincar com fantoches, criando algumas histórias aterrorizantes, nas quais os personagens pareciam sentir o mesmo medo e desespero que Chico sentia sempre que precisava se afastar de sua mãe. Bastava a terapeuta sugerir, e logo as histórias surgiam espontaneamente, cheias de detalhes, na cabeça de Chico. Pareciam histórias reais!
Havia uma de uma criança que tinha se perdido dos pais, outra de uma criança abandonada, ou ainda de guerreiros que partiam e nunca mais viam suas famílias... Quanto medo!

E o mais interessante era que, quanto mais eles brincavam e criavam histórias, mais Chico conseguia se afastar de sua mãe sem aquele sofrimento todo. Mesmo nos momentos em que o medo ainda vinha, Chico conseguia se lembrar das orientações da sua terapeuta e, assim, controlar as reações e sensações ruins, até passar tudinho...

Algumas histórias que apareciam na mente de Chico, trazendo pensamentos ruins e assustadores, surgiam quando ele via algum filme ou programa de televisão, lia uma história, conversava com algum adulto, ou mesmo quando ouvia uma música. Então, pensamentos aterrorizantes o atacavam: "E se a mamãe não voltar?", "E se ela sofrer um acidente?", "E se ela for embora e eu nunca mais puder vê-la de novo?". Como fazer para desgrudar da mamãe assim, com tantos pensamentos ruins?

Outras histórias chegavam à cabeça de Chico de mansinho. Nem dava para perceber que estavam ali, porque tudo o que Chico sentia era o pavor ao ver sua mãe ter que se afastar dele, sem nem entender direito tudo aquilo que se passava com ele. Chico bem que queria aproveitar os momentos com os amigos, mas só se via contando os minutos, que não passavam nunca, até ver a mãe por perto novamente.

Teve um dia com a terapeuta que foi muito legal! Ela convidou os pais de Chico para a sessão e amarrou os três, ligando-os com um barbante.

Chico achou tudo muito engraçado e divertido. Eles experimentaram, a pedido da terapeuta, movimentar-se pela sala, cada um escolhendo uma atividade diferente, e puderam então perceber o quanto era difícil realizar o que queriam com aquele barbante prendendo-os. Quando Chico ia brincar com a bola, era impedido, porque seu pai estava indo em outra direção. A mãe também não conseguia ir aonde queria sem que os outros deixassem de seguir para onde desejavam. Ninguém conseguia fazer nada que queria direito...

A terapeuta pediu que imaginassem que o barbante tinha sido criado pelo medo de Chico em perder os pais. E Chico pôde perceber o quanto aquele barbante prendia e incomodava todos eles.

Em seguida, a terapeuta pediu que cada um fizesse o esforço necessário, até que conseguissem realizar o que desejavam, e Chico percebeu que o barbante arrebentou com facilidade. A terapeuta mostrou o quanto aquela ligação construída pelo medo parecia ser frágil e incômoda.

Logo depois, sugeriu que trocassem o barbante por um elástico, de forma que pudessem ir e vir, com liberdade para fazer o que desejassem. Assim, teriam certeza de que continuavam ligados e que, em certos momentos, ficariam juntos novamente. Como foi divertido perceber que, apesar de unidos, cada um podia fazer o que quisesse. E sem medo!

Nu fim da sessão, os três estavam juntos nnvamente para voltar pra casa mais uma vez.

Depois de Chico combater muitos monstros que existiam em algum lugar de sua imaginação e criar novas histórias para aqueles personagens que tinham sofrido muito, fosse por solidão, abandono, separação etc., ele e seus pais foram percebendo uma agradável mudança nas coisas da vida...

Onde antes havia medo, Chico foi vendo aparecer a certeza de que a mamãe voltaria. E isso não existia só em seu pensamento! Chico sentia, no fundo do peito, uma forte segurança de que a mãe ia voltar. Sentindo-se assim, podia brincar, tranquilo e feliz, com seus amigos.

Agora, se por acaso sentisse aquele aperto no peito quando não via a mamãe, Chico se lembrava imediatamente do elástico e ria sozinho... Fechava os olhos e sentia o elástico ligando-o à mãe e ao pai. Quando a saudade apertava, ele sabia que era só puxar o elástico e a mãe sentiria o chamado, podendo assim vir em seu auxílio, para ficarem novamente juntos. E o susto ia passando, os sentimentos e pensamentos ruins iam abandonando sua cabecinha. Chico agora podia seguir sua vida com tranquilidade.

Hoje em dia, se você olhar para o Chico, verá que, onde existia um barbante, agora há um elástico, que o faz se sentir seguro, permitindo que vá aonde quiser e depois volte para estar com a mamãe de novo.

Esse elástico existe apenas na imaginação de Chico. Mas é o símbolo do amor e da segurança que ele encontra na mamãe agora. Com ele, Chico pode se afastar dela sem sentir medo e, assim, divertir-se com outras pessoas e em outros lugares, sem que a mamãe esteja presente. Como é bom ser livre! Como é bom se livrar do MEDO!

BREVES PALAVRAS AOS PAIS DE
"CRIANÇAS CHICO"

Neste livro, chamo de "crianças Chico" aquelas que demonstram grande ansiedade e sofrimento quando, por algum motivo, precisam se afastar de suas mães e/ou pais. Falamos aqui de um sofrimento intenso e, em alguns casos, exagerado, que acaba por trazer grande prejuízo à vida emocional, psíquica e social da criança, além de muitos tormentos a seus familiares.

Na psicologia tradicional, esse tipo de transtorno é conhecido pelo nome de *ansiedade de separação*. Considera-se que tal transtorno possa ocorrer em crianças e jovens com qualquer idade antes dos dezoito anos. De acordo com a faixa etária em que a criança está no momento em que apresenta o transtorno, notaremos uma diferença na expressão dos sintomas apresentados. Podemos citar alguns mais comuns: queixas somáticas de dor de cabeça ou dor de barriga, recusa escolar, preocupações e pensamentos trágicos frequentes, acessos de raiva, falta de concentração e apatia.

Essa dificuldade enfrentada por crianças e jovens acaba impedindo-os de realizar algumas atividades que requeiram certo afastamento dos pais, por exemplo, brincar com os amigos, dormir fora de casa ou viajar com parentes e colegas, ingressar na escola e, assim, aproveitar os momentos de prazer, a aprendizagem e o desenvolvimento que a escola proporciona, ingressar numa colônia de férias ou em atividades extracurriculares como futebol, dança, natação etc.

Parte do sofrimento e da dor que as "crianças Chico" carregam é visível a seus familiares e demais pessoas próximas. Mas acredito que as pessoas em geral não imaginam a carga de sofrimento, em nível inconsciente, que essa criança (ou jovem) carrega. Como conviver com um sofrimento intenso, um medo aterrorizador de se afastar e nunca mais ver a mãe, por exemplo, ainda que ela esteja sempre por perto?

Sabemos hoje, pela nossa experiência, que existem muitas cargas emocionais, físicas e mentais totalmente inconscientes para a criança, mas visíveis e sentidas de fato por ela.

Como veremos a seguir, na maioria das vezes, não existem motivos que fundamentem essas reações em acontecimentos ocorridos desde o nascimento até a idade em que o problema ocorre. Onde poderiam estar as origens destes problemas?

Somente um novo paradigma do entendimento do psiquismo e do comportamento humano poderá nos oferecer respostas adequadas e métodos eficazes para o tratamento destes problemas em nossas crianças. Um novo paradigma que considera a realidade espiritual, a reencarnação e a influência espiritual externa, pode oferecer uma ampliação à Psicologia Tradicional no entendimento dos enigmas do psiquismo humano.

A Doutrina Espírita, codificada por Allan Kardec, lança luzes sobre o entendimento deste fenômeno das dores que não podem ser relacionadas aos acontecimentos ocorridos na atual existência. Em O Evangelho Segundo o Espiritismo, os espíritos comentam, no capítulo 5 (Bem-aventurados os Aflitos), sobre as causas anteriores das aflições. Se tomarmos por base a lógica da Reencarnação, poderemos explicar as causas de algumas das aflições da atual encarnação como provenientes de experiências significativas de encarnações anteriores. As dificuldades enfrentadas pelas crianças é um dos exemplos mais emblemáticos desta lógica.

Como poderia uma criança de tenra idade, cercada de carinho e atenção por pais dedicados, sem nenhuma experiência marcante nesta vida, vir a desenvolver um transtorno emocional grave como uma fobia, uma depressão ou um transtorno de ansiedade?

Temos considerado a abordagem da Terapia de Vida Passada (TVP), ou Terapia Regressiva, no tratamento desses casos, observando que tais conteúdos inconscientes, que geram todo esse sofrimento, provêm de experiências anteriores ao nascimento. Fatos traumáticos trazidos à memória espiritual da criança eclodem a partir de um evento qualquer, iniciando um ciclo de grandes transtornos, até que possam ser ouvidos adequadamente e tratados com o respeito e o carinho que as crianças e os jovens precisam.

A ideia deste livro veio de minha experiência como terapeuta, com base no acompanhamento do processo de cura de algumas "crianças Chico" e suas respectivas famílias. Por meio dela, passei a querer ajudar mais as famílias a atravessarem, compreenderem e superarem as dificuldades de seus filhos.

Passei a desejar também que as pessoas pudessem compreender um pouco mais sobre o que se passava com essas crianças e jovens, além de querer que tomassem conhecimento da real dor que sentiam, em vez de subestimarem seu sofrimento. Que pudessem sair da ignorância ao julgar que se tratava apenas de uma manha, de uma birra, ou que pensassem que elas estavam apenas querendo chamar a atenção dos adultos. Queria que pudessem ser convidadas a participar da dissolução dos grandes nós que seus filhos carregam por vidas e vidas, e que necessitam ser desatados agora, para garantir uma vida de paz e tranquilidade. Que pudessem efetivamente fazer alguma coisa, ou no mínimo reverem seu ponto de vista quando estivessem, por algum motivo, impossibilitadas de trazerem os filhos para um tratamento terapêutico.

Espero poder ajudar muitas "crianças Chico" que existam por aí, bem como seus pais, apresentando, pelo menos, a possibilidade de terem um olhar diferente sobre elas...

Tenham uma boa leitura, aproveitando esse momento com seus filhos, largando assim de computadores, celulares ou interesses pessoais, para se entregarem por inteiro, durante alguns minutos, a eles. Se conseguirem isto, estarão tendo a chance de experimentar instantes preciosos, únicos e fundamentais na vida de vocês como família.

Que este livro os motive a passar momentos proveitosos e deliciosos com seus filhos.

Muita paz!

Daniele Vanzan

Tenho percebido, em minha prática profissional, que algumas "crianças Chico" podem sofrer a dor da separação de seus pais pela existência de situações reais em sua vida, as quais representem uma ameaça de abandono no núcleo familiar. Por exemplo: crianças que estão vivenciando o momento de separação dos pais (ou a ameaça dela), a morte de um dos pais ou de alguém muito próximo etc.

Nesses casos, encontramos situações, desde o nascimento da criança até a idade atual, que podem ser consideradas possíveis causas para a ansiedade e o sofrimento dela nos momentos em que necessita se afastar por algum tempo da mãe, por exemplo, quando precisa entrar na escola e deixar a mãe para trás.

Na verdade, quando trabalho com uma criança, esses eventos que parecem ter desencadeado a dor e o sofrimento dela me servem apenas como um fator norteador a ser seguido, mas não me prendo a ele. Permito que a criança se expresse e me apresente as reais causas de seu sofrimento. Esta pode ser sim a causa central, porém pode ser apenas uma das causas, ou ainda pode haver uma causa bem distante desse fator inicial.

Tudo isso só nos mostra que precisamos estar de mente aberta para buscarmos as verdadeiras origens do problema. Não temos como prever nem supor as causas e origens de um problema, seja nosso ou da criança. Temos pistas, mas precisamos estar abertos para segui-las e ver aonde realmente vão dar... Se inferirmos ou nos tornarmos parciais, corremos o risco de nos perder em nossos julgamentos e avaliações, recebendo influência de modelos tradicionais fechados e, assim, sermos malsucedidos em alcançarmos a resposta almejada.

Em casos assim, onde existe ou existiu uma real ameaça de separação ou abandono dos pais, seja por morte de algum ente querido, separação do casal ou outro motivo, alguns cuidados devem ser tomados a fim de evitar que o prejuízo e o sofrimento da criança sejam ainda maiores.

Principalmente nas situações em que a problemática não foi dividida nem diretamente verbalizada para a criança, o prejuízo se fará presente e talvez tenha consequências e cause sofrimento mais fortes ainda. É comum vermos famílias que decidem não contar à criança a situação difícil pela qual estão passando, com o intuito de poupá-los do sofrimento.

Tomemos o exemplo de um casal que começa a enfrentar diversos problemas na relação conjugal, passando a ter discussões frequentes, dormindo algumas noites separados, levando o dia sem se falarem normalmente e, muitas vezes, sem sequer se cumprimentarem.

Imaginemos que um deles decida pela separação, e o casal conclua que não deve contar o que está acontecendo aos filhos, até que possam resolver todas as questões de ordem prática – nova moradia, divisão de bens etc. –, para poderem efetivar a separação de corpos.

Agora nos coloquemos na posição da criança, que começa a perceber que alguma coisa está diferente. Ela não sabe exatamente o quê, mas, em algum nível, sente que existe algo errado. Imaginem como a criança se sente e o que ela pensa sobre tudo o que vem notando de diferente no comportamento e na relação dos pais. Ela sente, mas muitas vezes de forma difusa, pois não tem a informação sobre o que realmente está acontecendo e que poderia, assim, dar sentido a todas as suas impressões mais sutis.

As crianças acabam sofrendo mais ainda, imaginando e temendo coisas por vezes maiores ou irreais. Elas podem, por exemplo, sofrer por se sentirem responsáveis pelo mal-estar e as brigas entre o casal, ou podem sofrer por julgarem que não são mais amadas por aqueles pais, uma vez que já não os faz mais felizes como antes.

Apesar de os pais pensarem que estão poupando os filhos, e que eles sofrerão menos se não souberem do ocorrido, o que geralmente acontece é o inverso. Eles costumam sofrer por conta das mudanças em casa, das brigas constantes, ou pela clara percepção de que existe algo que não está bem e, como não têm a informação (ou a informação não está completa), tentam adivinhar o que está acontecendo, acabando às vezes por criar "bichos-papões" piores do que os que existem de fato!

E as marcas provocadas por todas essas impressões e conclusões, criadas pela criança para preencher a lacuna deixada pela falta de esclarecimento dos pais, segue provocando destruições e prejuízos, inclusive chegando a influenciar sua vida adulta, pois, por mais que em algum momento da existência daquela pessoa o fato tenha sido enfim esclarecido e revelado, a criança interna dela já registrou e foi marcada por aquela experiência. Chamamos de "criança interna" uma parte do psiquismo infantil que, sem ter condições de entendimento ou de racionalizar o acontecimento, registra automaticamente todas essas impressões.

Mesmo quando se percebe esse estrago e se procura ter uma conversa franca sobre os fatos e causas de determinada situação, às vezes não se pode mais apagar nem consertar as marcas da criança interna ferida, a não ser com uma conduta sistemática, em um processo terapêutico.

É preciso considerar que, muitas vezes, a recusa em compartilhar esses fatos com os filhos é uma forma não de preservar a criança, mas sim os pais, que dessa maneira podem evitar de abordar o assunto com elas. Os pais estão muito mais se preservando que preservando os filhos.

Outro ponto preocupante é que as crianças, por serem naturalmente *egocentradas*, tendem a se responsabilizar pelo que acontece de errado a seu redor, mesmo que o acontecimento não a envolva de fato. Devido a isso, é comum que, diante de uma situação de rejeição, separação ou até mesmo morte de um dos pais, a criança pense que isso aconteceu por culpa sua, por não ter feito algo direito, por não ter sido uma boa criança, por ter feito malcriação na noite anterior, por ter tirado nota baixa na escola, por ter derramado suco no uniforme antes de sair para a escola ou por não ter conseguido ainda largar a chupeta.

Lembro-me de um menino de seis anos de idade que tomou conhecimento da separação dos pais por conta própria, indo checar o armário deles e notando que todas as roupas do pai já não estavam ali, enquanto a mãe lhe assegurava que o pai estava ausente por causa de uma viagem de trabalho.

Seu pai saíra de casa sem nem ao menos despedir-se dele adequadamente. Uma criança dificilmente conseguirá passar ilesa por essa situação. Como confiar em outras pessoas? Como acreditar que não será novamente abandonada? Como se sentir amada e valorizada pelas pessoas que ela considera?

Essa falta de transparência e clareza com os filhos em geral cria na criança, quando ela descobre a verdade, uma grande sensação de traição em relação aos pais, por não terem lhe contado algo que já sabiam e vinha acontecendo há algum tempo. Com isso, a criança perde, muitas vezes, a capacidade de confiar nela mesma ou nos demais. Uma experiência como esta, dependendo do período de desenvolvimento em que ocorra, pode afetar decisivamente os parâmetros que são em geral estabelecidos na relação com os pais, como certo e errado, bom e mau, confiável e não confiável etc., pelo simples motivo de nem mesmo eles – as pessoas em que a criança mais confiava – terem sido verdadeiros e sinceros com elas.

Por isso, é fundamental que os pais sejam sempre francos e honestos com os filhos, dividindo com eles os acontecimentos importantes, agradáveis e desagradáveis, que envolvem toda a família. É evidente que, de acordo com a faixa etária, a capacidade de diálogo e de abertura da criança à conversa deverá ser mais ou menos profunda. Existem crianças que precisarão fazer muitas perguntas até se sentirem seguras novamente. Outras irão reagir de forma inusitada, como se não quisessem saber nem lidar com aquele assunto. Entretanto, o mais importante é que os pais, juntos, possam se sentar com a criança, abertos a dividir com ela o que está acontecendo, usando sempre uma linguagem acessível a ela e assegurando, assim, que ela não se sinta responsável por nada daquilo.

Os pais devem responder às perguntas que surgirem com franqueza e sinceridade, sendo capazes, inclusive, de dividir com os filhos que também têm sentimentos ruins e perturbadores relacionados àquela situação; que também se sentem tristes, por exemplo, assegurando que, com o tempo, tudo voltará a ficar bem novamente.

Apesar de parecer difícil, e de os pais se sentirem inseguros em relação aos efeitos de uma conversa como esta para a criança, constatamos que é o melhor e mais saudável caminho a seguir. Mesmo que o resultado seja a vivência de um luto, ou de ter que elaborar uma frustração quanto às mudanças que esses acontecimentos vão gerar, a criança vai se sentir segura, pelo simples motivo de que, agora, ela realmente vê coerência entre o que sente e o que sabe.

Crianças, ao perceberem que os pais estão preocupados, temerosos ou tensos devido a problemas enfrentados em determinado momento de suas vidas, podem se sentir amedrontadas, inseguras e ansiosas por não compreenderem o que está de fato ocorrendo, e por não saberem, na maioria das vezes, que esse problema não envolve o risco de perderem a convivência e/ou o amor dos pais.

Aos pais que têm dificuldade de conversar ou abordar com suas crianças algum assunto delicado e importante, recomendamos que busquem a ajuda especializada de um terapeuta, a fim de que essa conversa se torne possível e para que, no curto, médio ou longo prazo, consigam desbloquear esse canal de comunicação tão importante para a família.

Além da conversa e do esclarecimento dos fatos, é necessário explorar, acolher e desfazer algumas fantasias que a criança cria. Dependendo da faixa etária da criança, ela vai apreender a informação de maneira diferente, de acordo com os recursos de que dispõe no momento para lidar com aquilo. Lembro-me de uma pequena cliente de cinco anos de idade que, ao tomar contato com a iminente separação dos pais, levantou a questão de quantas festas de aniversário teria a partir de então.

Por vezes, com o passar dos anos, essa informação necessitará ser reformulada ou reorganizada, conforme o desenvolvimento e as experiências que a criança terá. Essa necessidade de ressignificação surgirá, se for o caso, naturalmente, como uma demanda da criança.

QUANDO NÃO SE PERCEBE NADA QUE JUSTIFIQUE O SOFRIMENTO DA CRIANÇA

Temos muitos casos em que não encontramos nenhuma situação na vida atual daquela "criança Chico" – desde seu nascimento até a idade atual – que possa justificar seu comportamento, as reações de dor e o sofrimento diante de uma ameaça de separação.

Isso costuma intrigar muito os pais. Nesses casos, a família não consegue entender o que está por trás daquela reação exagerada de dor e desespero por uma separação eventual. Como entender, por exemplo, que uma criança que tem pais presentes, que estabelecem uma convivência harmoniosa em casa, com uma infância aparentemente tranquila e feliz, apresente uma ansiedade e um sofrimento excessivos quando necessita se afastar deles?

Em sua Obra intitulada Nossos Filhos São Espíritos, Hermínio Miranda oferece interessante material de reflexão sobre este tema. Apesar de parecer óbvio, ainda encontramos diversos pais espíritas que têm dificuldades em compreender que muitas das dificuldades e características de seus filhos são provenientes de experiências anteriores. Orientando estes pais em nossa prática profissional, observamos que possuem vasto conhecimento e leitura da literatura espírita mas não conseguem reconhecer (e às vezes aceitar!) que seus filhos apresentam problemas com origens mais profundas e "antigas". Segundo Hermínio Miranda:

*"Outra coisa convém desaprender logo, para abrir espaço para novos conceitos, mais inteligentes, racionais e competentes acerca da vida. Esses espíritos ou almas que nos são confiados, já embalados em corpos físicos que nós mesmos lhes proporcionamos, através do processo gerador, não são criados novinhos, sem passado e sem história! Eles já existiam antes, em algum lugar, têm uma biografia pessoal, trazem vivências e experiências e aqui aportam para **reviver** e não para viver. Estão, portanto, **renascendo** e não apenas nascendo."*

Considerar nossos filhos "espíritos" que estão reencarnando pode nos ajudar a ampliar nossa perspectiva de compreensão sobre o problema e obter mais recursos para ajudar na superação desta dor. Na nossa prática precisamos desenvolver, ao longo do tempo, um método psicológico que considerasse estas realidades espirituais e que nos ajudasse a compreender aquilo que ainda falta à Psicologia Tradicional no entendimento do funcionamento do psiquismo humano.

Para que possam compreender o que acredito originar o sofrimento das crianças que se enquadram nesses casos, precisarei primeiro falar um pouco sobre a visão de Homem que dá sustentação à minha abordagem terapêutica.

Utilizando a abordagem da Terapia de Vida Passada, considero a dimensão espiritual da criança para o entendimento de seu comportamento, emoções, reações, e do próprio funcionamento do psiquismo – ou seja, crianças são espíritos que vêm, como todos nós, reencarnando ao longo do tempo e experimentando diversas situações (agradáveis e desagradáveis), ora como encarnados, ora como desencarnados. Devido a essas diversas experiências vividas, boas e ruins, elas vêm acumulando uma bagagem de marcas ou, como chamamos tecnicamente, "cargas". Algumas dessas experiências que são carregadas pelo espírito por vidas e vidas são constituídas de marcas, traumas e feridas que interferem negativamente nas reações de hoje. Da mesma forma, experiências positivas ou significativas trazem também recursos, capacidades e habilidades adquiridas pelo espírito em todas essas vivências passadas, que o ajudam a enfrentar as situações de crescimento proporcionadas pela vida.

Ao longo do curso de todas essas existências, estamos nos forjando como espíritos rumo a um processo constante de desenvolvimento da consciência como seres espirituais. Conforme a consciência vai se desenvolvendo, vamos formando, aprimorando, reforçando e revisando nossos valores. Em cada uma dessas etapas, e conforme a situação que enfrentamos em cada uma das situações de vidas passadas, fomos desafiados a perceber o que era importante para nossa felicidade e realização naquele momento; fomos forjando e renovando nossos valores de vida. Da mesma maneira, aprendemos como lidar com os desafios e as necessidades de cada tempo, estabelecendo estratégias para conseguir o que queríamos e achávamos ser fundamental. Chamamos isso de "traços de caráter", pois passam a nos dar uma característica pessoal e singular de como atuamos na vida. Mesmo depois de algumas existências, e ainda que não nos lembremos dos detalhes de nossas vidas passadas, o mesmo padrão de reação, a mesma maneira de funcionar que utilizamos ao longo de várias vidas, será expresso como algo cristalizado que precisa ser reformado, ainda que sejamos apenas uma criança de cinco ou sete anos.

No final, mesmo que inconscientemente, buscamos a realização plena de nossa consciência espiritual. Nossas dificuldades são clamores íntimos de uma necessidade urgente de transformação em relação a um modo antigo de ver o mundo e a nós mesmos.

É devido a essas experiências do passado que percebemos, por exemplo, na vida atual, a existência de uma valorização maior da criança por certo tipo de coisa, muitas vezes destoando do que todo o resto da família valoriza, como no caso de um pequeno cliente de seis anos que começou a demonstrar forte preferência por uma dieta vegetariana e simples, contrastando com a da família, na qual o consumo de carnes era extremamente valorizado; ou ainda no caso em que assistimos ao surgimento de uma criança tirana e intolerante em um lar de pessoas submissas e subservientes.

A psicologia tradicional costuma associar esse tipo de questão a uma causa genética ou a um aspecto educacional. Entretanto, a observação atenta mostra que, muitas vezes, esse paradigma não será suficiente para explicar essas diferenças. Não considero que uma criança tenha em sua vida atual apenas bagagens adquiridas através de herança genética (transmitidas de pais para filhos) ou no meio em que está inserida (educação, cultura etc.). Acredito que, além disso, essa bagagem

também é composta por marcas deixadas por situações significativas (positivas ou negativas), ocorridas em vidas passadas.

Se ficarmos atentos às crianças, poderemos perceber afinidades com certas coisas, rejeições a outras, determinados receios ou crenças que não identificamos em nenhum outro membro da família. Poderemos perceber, assim, que a bagagem trazida à vida atual por aquele espírito em particular não parece estar relacionada a nenhuma situação vivida por ele nesta existência ou a nenhuma carga que possa ter vindo de seus ancestrais.

Com base nisso, entendo que nestes casos – em que os pais não conseguem encontrar na vida atual a causa da dificuldade que seu filho enfrenta em se separar deles –, provavelmente, a causa está relacionada a algum evento traumático de uma ou mais vidas passadas daquela criança, que emergiu de modo intenso e desorganizado. São casos em que a dor é fruto de uma memória traumática de vida passada de abandono ou rejeição que ficou marcada (cristalizada) no psiquismo da criança, causando, mesmo em dias atuais, grande pressão e influência em situações do dia a dia, da própria criança e de sua família. Apesar de não existir um fato concreto no mundo externo da criança, o sofrimento é real, pois está sendo revivido inconscientemente como um grande risco de abandono e rejeição.

Se olharmos apenas as reações físicas e emocionais que a criança apresenta no momento da ameaça de separação, fica difícil imaginar que ela de fato não esteja correndo grande risco de ser abandonada pelos pais. Embora eles tenham a certeza de que não abandonariam seus filhos, a expressão de pavor e desespero no olhar infantil nos assegura que o abandono, para a criança, é uma ameaça real e muito dolorosa.

Como entender, por exemplo, uma situação em que uma menina de cinco anos, depois de implorar muitas vezes aos pais para entrar na aula de balé com as amigas da escola, apresenta grande desespero e sofrimento, agarrando-se às pernas da mãe, chorando e implorando para não ser deixada, enquanto a professora tenta conduzi-la ao centro da sala para a primeira aula de balé?

Os pais, nessas situações, tentam conversar e assegurar à criança que eles voltarão, que estarão ali, que não vão abandoná-la. Eles sabem que não o farão, é óbvio. Mas a criança parece nunca ficar convencida disso. Os pais dizem: "Não precisa sofrer assim! Nunca vou deixar você!" Mas o filho reage com pavor e desespero, parecendo sequer ouvir o que lhe é dito. Chora e repete sofridas súplicas: "Não me deixem!", "Não posso ficar sem vocês!" ou "Por favor, me deixem ir junto com vocês". O sofrimento fica estampado em seu rosto, e o olhar de desespero e dor é inegável.

O que fica difícil para os pais entenderem é que, enquanto as crianças estão ali sofrendo, chorando e suplicando para não serem abandonadas, na verdade estão reagindo não à situação que se apresenta naquele exato momento (como entrar na aula de balé com a professora, por exemplo), mas sim a uma situação dolorosa de uma vida passada na qual ela foi, de fato, abandonada ou rejeitada por pessoas fundamentais em sua vida.

É como se o cenário todo mudasse, e a criança revivesse por alguns momentos a situação de vida passada em que foi, por exemplo, vendida pelos pais numa feira em uma praça pública, em troca de algum dinheiro. A dor, o desespero de ver os pais indo embora, são revividos à porta daquela sala de balé, como se a criança estivesse naquela praça no exato momento da venda! O medo enorme de não saber o que será feito com ela a partir dali a apavora e desespera. E, por mais que sua mãe tente convencê-la de que estará ali fora esperando por ela, a criança mal pode ouvi-la, pois está mais uma vez vivenciando inconscientemente o abandono real e devastador do passado. Todo o seu corpo de hoje reage, como se estivesse prestes a passar por tudo aquilo de novo, muitas vezes acompanhado da lembrança de um restante de vida de muitas humilhações, abusos, torturas e dor.

As "crianças Chico" sofrem uma reação emocional e fisiológica que não combina com a situação atual, porque essas reações, de fato, na maioria das vezes, não têm relação direta com aqueles eventos que estão acontecendo no momento. É como se, naquele instante em que a criança se sente ameaçada de ser separada da mãe, ela estivesse regredida, revivendo uma situação do passado, de outro tempo e espaço. E, ali, ela sente, sofre, age e reage não ao que se passa com ela naquele momento, e sim ao "fantasma" – ao conteúdo traumático e doloroso que ficou gravado em seu psiquismo, atuando como se estivesse acontecendo novamente.

Por mais estranho que isso possa parecer, nossa experiência tem mostrado que essas situações de vidas passadas ainda estão um pouco "vivas" dentro do psiquismo, como um drama inacabado que se repete sempre que a situação atual lembre, por menor que seja o contexto, o trauma doloroso anterior.

Infelizmente, muitos pais não fazem ideia do que ocorre por trás dessa situação sofrida e desagradável na qual seu filho não consegue desgrudar deles para realizar nenhum tipo de tarefa com alegria e segurança.

Imaginem uma criança que, ao ser deixada na escola, tem que seguir com sua professora e despedir-se da mãe. Ela pode estar revivendo – inconscientemente – uma história de outra vida na qual a mãe daquela existência a deixou com uma feirante desconhecida, com a desculpa de que precisava carregar algumas caixas até sua carroça, e em seguida sumiu, para nunca mais voltar.

E se pensarmos na situação em que a criança está acessando uma vivência em que andava tranquilamente por sua aldeia com a mãe até que, de repente, ambas foram surpreendidas por gritos, confusão e correria decorrentes de uma invasão por um grande grupo inimigo? No caos que se formou com a multidão correndo para todos os lados, as duas não conseguiram mais se manter de mãos dadas. Depois de separada da mãe, a criança passou por momentos de terror e desorientação, que culminaram em uma morte traumática e o desejo não satisfeito de reencontrar a mãe...

Para alguns que veem a situação de fora, parece um comportamento exagerado e desproporcional. Mas, para a criança que está revivendo a angústia e o sofrimento do abandono, ou a rejeição do passado, essa reação expressa na medida certa sua dor. É uma dor real, porque traduz com exatidão o sofrimento que ela carrega em seu inconsciente.

Os pais não sabem como ajudar os filhos que passam por essa situação, porque não têm conhecimento do que, de fato, se passa ali. "Que fantasmas são esses que aterrorizam meu filho?", pensam.

Existem tantos... Cada "criança Chico" tem os seus. Por trás de cada caso, veremos histórias diferentes como originárias desse sofrimento atual. Podemos dizer que cada uma dessas histórias se converte em uma parte que fica "gravitando" no psiquismo da criança, podendo ser acionada a qualquer momento.

Descobrimos que, na verdade, dentro de cada um de nós existem diversas partes. Elas são, na verdade, personagens vividos por nós em existências anteriores, que vêm trazendo benefícios e prejuízos ao longo de nossa vida, dependendo do tipo de existência que levávamos e das experiências que tivemos. Invariavelmente, iremos encontrar dentro das "crianças Chico" uma parte delas que se apresenta na forma de uma criança abandonada do passado, necessitando de cuidado para se curar e se libertar de suas lembranças e feridas dolorosas de outra época.

Apesar de o efeito e os sintomas serem parecidos, deparo com diversos tipos de causas. Cada uma delas deve ser acolhida, convidada a se apresentar à sua maneira, para depois ser ressignificada. Um dos maiores desafios da Terapia de Vida Passada com crianças é poder ajudá-las a trazer à tona esses traumas e feridas antigas de modo seguro, porém definitivo, para que sejam tratados e curados. É preciso ainda ser capaz de ajudar as crianças a resgatar as próprias experiências que tragam recursos necessários para a superação de toda essa problemática. E esse parece ser o sentido desse sofrimento: fazer com que a criança de hoje, espírito eterno com diversas experiências anteriores e com um grande caminho pela frente, possa modificar uma série de padrões e traços que vem repetindo de forma inadequada ao longo de várias existências passadas. A terapia vai ajudar a criança a reduzir a carga dessas experiências ruins e ativar outras nas quais desenvolveram recursos que hoje se fazem fundamentais para seu crescimento espiritual.

A regressão a essas experiências anteriores deve ser feita de maneira criteriosa e metódica, respeitando-se a estrutura psíquica típica da criança. O método que uso em meu consultório, a Terapia de Vida Passada, prevê esse acesso através de diversos recursos compatíveis com a idade, o estágio de desenvolvimento e a maturidade mental e emocional da criança. Se, por um lado, a criança tem facilidade de acessar os conteúdos do passado, exatamente por esse mesmo motivo devemos ser cautelosos e utilizar a experiência na condução desses pequenos clientes.

Muitas pessoas, por ignorância ou má interpretação religiosa, questionam o fato de, em um trabalho de TVP, acessarmos coisas do passado que não deveriam ser lembradas, uma vez que esquecemos o que se passou antes de iniciarmos uma nova vida. Mas quem vive ou participa de um episódio desses, por exemplo, sabe exatamente o quanto a situação traumática do passado não foi esquecida. Se tivesse caído no esquecimento e não causasse nenhum prejuízo ou sofrimento ao indivíduo, com certeza não haveria razão nenhuma para mexermos nessas lembranças.

Entretanto, se continuam presentes e vivas no psiquismo de uma pessoa, causando dor e sofrimento, precisamos, sim, acessá-las para permitir que essa pessoa, ao reviver, trabalhar a situação e as cargas envolvidas nela, possa de fato esquecer de vez a história do passado e superar o problema atual. Costumamos dizer que não fazemos terapia regressiva para nos lembrarmos de nosso passado doloroso, mas, sim, para podermos esquecer o passado que ainda está vivo no presente!

SURGIMENTO DO SOFRIMENTO EM "CRIANÇAS CHICO"

Existe uma fase na vida da criança, observada pelos pesquisadores da psicologia, em que ela naturalmente sofre de certos temores: quando está diante de pessoas ou lugares estranhos, ou quando precisa se afastar dos pais para que eles realizem algo de que necessitam ou desejam. Nesses casos, tais reações podem ser consideradas normais, fazendo parte desse período específico na vida das crianças.

Essas reações acabam por trazer certo desconforto para a criança e seus pais, mas depois de determinado tempo elas desaparecem, dando lugar a reações de maior independência e autonomia em situações de afastamento temporário.

O problema passa a existir quando o sofrimento se torna extremo e duradouro, e começa a causar danos e prejuízos às atividades e à vida social da criança ou de seus pais e parentes. Quando falo "prejuízos", refiro-me à desistência de realizarem passeios, viagens, atividades extracurriculares, ou até mesmo da resistência em ingressarem na escola, devido à angústia excessiva ao ter que se afastar dos pais.

Algumas vezes percebo, ao colher dados com a família da criança, que essa dor já vem sendo trazida desde cedo, parecendo ter nascido com a criança! Falo de crianças que, desde bebês, já demonstram intenso sofrimento ao serem afastadas da mãe, o que pode perdurar por toda a primeira infância, atrapalhando a socialização, o ingresso na escola e o processo de individuação da criança – que é quando ela começa a estruturar sua identidade e forma de ser no mundo, precisando assim se afastar um pouco dos pais para começar a construir a própria identidade.

A individuação é um conceito criado pelo psiquiatra e psicoterapeuta Carl Gustav Jung, sendo o processo através do qual o ser humano evolui de um estado infantil de identificação para um estado de maior diferenciação do outro (eu-outro), o que implica uma ampliação da consciência. Através desse processo, o indivíduo identifica-se menos com as condutas e valores encorajados pelo meio no qual se encontra e mais com as orientações emanadas de si mesmo, de sua personalidade individual. Para Jung, a individuação é o processo central do desenvolvimento humano. "Crianças Chico" têm dificuldade de, naturalmente, fazer essa transição na infância. Ao invés de desenvolverem um nível maior de tolerância ao afastamento dos pais, têm reações extremas, em uma tentativa de justamente evitar esse afastamento.

São esses os bebês que não aceitam outros colos, tampouco ser alimentados por outra pessoa ou dormir afastados da mãe. É muito comum que esse tipo de criança não aceite sequer que o pai cumpra essas tarefas.

Mas também observo casos em que a criança passou parte de sua infância sem parecer se preocupar com isso; vivia solta e realizava suas tarefas mais livremente. Até que, em determinado momento, passou a demonstrar ansiedade e grande sofrimento ao ter que se separar dos pais. Esses casos costumam intrigar os pais ainda mais. "O que houve? Por que ele está reagindo assim agora? Será que aconteceu algo de errado com ele?"

Por vezes, os pais têm alguma ideia do que possa ter acontecido, buscando associar a mudança de comportamento da criança a situações ocorridas. Outros, contudo, não conseguem identificar nenhuma situação que possa ter disparado esse tipo de comportamento.

O que acontece é que fatos ocorridos na vida atual podem disparar aquelas lembranças de outras vidas das quais temos falado – lembranças de traumas do passado que passam a "acompanhar" e assombrar a criança como fantasmas aterrorizantes. E o que dispara uma lembrança dessas (isso se chama "evento desencadeador") pode ser tão sutil, que muitas vezes a família não consegue sequer identificar. A lembrança de uma situação traumática do passado pode ser "acordada" ou disparada por uma imagem, um som, um cheiro, uma sensação, que por vezes poderão ser descobertos e passarão a fazer algum sentido só mais tarde, durante o trabalho terapêutico com a criança.

Imaginemos, por exemplo, a situação atual em que uma criança está andando em uma praça com seus pais e, ao avançar um pouco mais, distanciando-se deles, olha ao redor, procurando-os, mas não os vê. Neste momento, ela vivencia uma sensação ruim ao se ver completamente sozinha. À sua volta, há apenas pessoas estranhas, e com isso ela sente um medo intenso. Caso essa criança tenha uma experiência em uma vida anterior relacionada ao fato de ficar perdida, desorientada ou sem amparo, tal situação vivenciada na existência atual pode disparar nela uma forte reação emocional de pavor e desespero toda vez que ela precisar se afastar dos pais no futuro.

Entretanto, acredito que essas lembranças não surjam à toa... Elas emergem quando estamos na família certa e vivenciando o momento certo. E o momento certo é aquele em que temos condições de lidar com aquele conteúdo, de forma a nos libertarmos dele. Nosso psiquismo, sábio e protetor, cuida de liberar cada conteúdo na hora oportuna, a fim de que consigamos desfazer todo o emaranhado de traumas, cargas e lembranças que permeiam a consciência humana. Enfim, essas lembranças surgem para serem trabalhadas, desfeitas e ressignificadas, deixando assim de nos assombrar.

Precisamos ajudar a libertar as crianças dessas lembranças que as aprisionam. Isso envolverá também a revisão de certas formas de encarar e lidar com o mundo e as pessoas. Quem sabe não é esse um convite da vida no sentido de que deixemos velhos hábitos, crenças, traços de caráter ou valores para trás, adotando novas ferramentas que façam mais sentido para a existência atual? Trata-se de um desafio, no sentido de crescermos e ampliarmos nossa consciência! Trata-se do desafio de desejarmos e conseguirmos agir de modo diferente. E isso muitas vezes não envolverá somente a criança, mas toda a família. Vemos, nesse caso, a própria criança servindo de condutor para o crescimento da família como um todo.

SUPERAÇÃO DO MEDO DA SEPARAÇÃO

O processo terapêutico com crianças em geral, e com "crianças Chico" em particular, deve ser feito com muito critério e responsabilidade.

O terapeuta deve estar preparado para utilizar recursos que permitam aos conteúdos do passado traumático emergirem, ajudando a resolver a ansiedade de separação, mas ao mesmo tempo também considerando as especificidades do psiquismo da criança que estiver sob seus cuidados.

A utilização de métodos lúdicos, tais como histórias em quadrinhos, bonecos, fantoches, teatralizações, entre outros, deve ter como meta favorecer o acesso, por parte da criança, aos conteúdos traumáticos de forma segura e terapêutica. Em certos casos, a criança irá acessar, naturalmente, uma experiência passada de modo mais profundo. Ao terapeuta cabe respeitar os limites naturais do psiquismo da criança em cada caso, não cedendo aos próprios caprichos ou curiosidade de terapeuta.

Quando lidamos com a Terapia de Vida Passada com crianças, surpreendemo-nos com a facilidade com que vivenciam suas histórias passadas com mais intensidade que os próprios adultos, devido à facilidade que seu psiquismo tem de acessar esses conteúdos. Entretanto, o uso adequado de técnicas requer boa formação e experiência supervisionada.

Apesar dos temores infundados de muitos sobre a utilização desses métodos, o que temos observado é o grande benefício que as crianças e suas famílias obtêm como resultado de um processo terapêutico bem conduzido. Mesmo sem muitos recursos de racionalização sobre o entendimento de como determinado conteúdo ou história de vida passada interfere na vida atual (processo normalmente utilizado pelos adultos), as crianças têm grande capacidade de transformação de padrões a partir da experiência terapêutica. Parece que o psiquismo encontra formas de equilíbrio e de transformação naturais, em um processo de cura que chamamos de "orientação naturalista", isto é, o próprio psiquismo, quando bem conduzido pelo terapeuta, encontra a melhor solução para voltar a seu estado de equilíbrio e saúde.

A crescente conscientização dos benefícios de um processo terapêutico que utilize a Terapia Regressiva tem permitido que mais e mais crianças sejam beneficiadas. Além de ajudar a perder o medo da separação, as "crianças Chico" e suas famílias aprendem a encontrar novas formas de lidar com a vida e seus desafios. Há um processo de aprendizado permanente na superação de problemas como este: as crianças podem aprender a ganhar autoconfiança em relação à sua capacidade de lidar com situações novas, além de aprenderem, como espíritos reencarnantes, a desenvolver a confiança nos outros, algo que se perdeu em alguma vida anterior, quando decidiram nunca mais confiar em ninguém.

Como terapeutas, aprendemos cedo que não há uma explicação única para os casos que acompanhamos. Mesmo em relação àqueles que são muito parecidos, acostumamo-nos a constatar que cada um tem uma origem e necessidade completamente diferente do outro.

Em relação à família, vemos sempre um grande aprendizado na mudança de padrões de comunicação, no zelo e cuidado pelas crianças que estão sob sua responsabilidade, e no desenvolvimento de um sentimento de compaixão e dedicação àqueles que precisam de auxílio para deixarem de sofrer. A vida, como é sábia, encontra sempre uma forma de corrigir, desenvolver e aprimorar as relações do passado, que, por algum motivo, se deterioraram. Nem sempre é fácil assim... Em alguns casos, temos que lidar com situações em que a ignorância ou a resistência da família em admitir sua parte na mudança necessária faz com que a criança seja retirada do processo terapêutico sob os mais variados argumentos e desculpas. Conscientes ou não, terão como desagradável consequência o adiamento daquele grupo de pessoas em fazer o aprendizado e a transformação urgentes para o próprio desenvolvimento.

Não existe mágica nem facilidades. Existe, sim, trabalho sistemático, dedicação incondicional e muito interesse em auxiliar as crianças a superarem suas dificuldades, para que possam ter vidas mais saudáveis e proveitosas.

AS FAMÍLIAS DAS "CRIANÇAS CHICO"

Constatar que um de nossos filhos apresenta um problema mais grave, seja físico ou emocional, sempre é uma grande oportunidade de pensarmos o papel da família e suas finalidades espirituais.

A Reencarnação amplia, e de uma certa forma torna mais complexa, a rede de relações e motivos que nos permitam entender muitos dos problemas e situações que vivemos tanto individualmente quanto nos encontros de espíritos em uma mesma família.

As crianças podem estar mais suscetíveis de desencadear um problema como a ansiedade de separação que abordamos neste livro, como em diversas outras dificuldades, por conta do processo reencarnatório ainda estar em curso. Diferentemente do que muitos acham, a reencarnação não se conclui no nascimento. Na verdade, se inicia bem antes da concepção quando a aproximação espiritual do espírito que vai reencarnar de seus futuros pais, passa por vários marcos significativos (como o nascimento) mas só irá se concluir, de fato, por volta da adolescência.

É por estar ainda com seu psiquismo e personalidade atual em estruturação que a criança tem maior "facilidade" em acessar ou deixar emergir os conteúdos mais marcantes de suas experiências anteriores. Entretanto, como a vida é sabia e perfeita, este período e essa mesma característica acaba se tornando positiva, pois permite que ela seja mais receptiva às impressões que recebe do meio em que viva.

Em O Livro dos Espíritos, na questão 383, Kardec pergunta aos espíritos exatamente sobre a necessidade do espírito reencarnante passar por este estado de infância. Os Espíritos nos esclarecem que é um grande auxílio para o processo de aperfeiçoamento do espírito pois ele está mais receptivo às impressões que recebe, principalmente através dos pais ou responsáveis que têm a incumbência de educá-los.

Daí a importância dos pais em situação como a das crianças Chico. Entender a dimensão espiritual da vida, a reencarnação e as possíveis origens anteriores dos problemas de nossos filhos nos dá recursos extras para auxiliar estes espíritos a superarem as dificuldades trazidas de experiências difíceis de outras vidas.

A importância dos pais após o nascimento dos filhos é tratada pelos espíritos como Missão, em função da possibilidade de colaborar pela via da educação e do cuidado, no processo de aperfeiçoamento do espírito reencarnante.

Cada família se constitui por um imperativo espiritual muito mais amplo do que somos capazes de julgar. Reunimo-nos pelas nossas necessidades comuns, pais e filhos, de aperfeiçoamento e reparação.

Como diz Joanna de Ângelis, pela psicografia de Divaldo Pereira Franco no livro Autodescobrimento:

"As reencarnações comuns, sem destaques missionários, invariavelmente, são programadas pelos automatismos das Leis, que levam em conta diversos fatores que respondem pelas afinidades ou desajustes entre os seres, assim como pelas realizações ético-morais, unindo-os ou não, de forma a darem cumprimento aos imperativos, responsáveis pela evolução individual ou dos grupos humanos." (p. 33)

Nos reunimos em família para aprendermos a amar. Os impulsos quase que instintuais do cuidado e zelo maternos e paternos são esboços que nos favorecem o desenvolvimento de mais elevados sentimentos de carinho, compaixão e amor. Diante de uma criança com alguma dificuldade que reclama de nossa atenção, cuidado e amor, todos nos beneficiamos.

Em dias corridos e atribulados como os atuais, ter que priorizar o atendimento das necessidades de uma criança Chico é um exercício de flexibilidade e de desenvolvermos novos valores perguntando-nos sobre o que realmente é importante.

Como podemos observar em todas as situações, a vida é perfeita. Se em uma análise superficial e precipitada podemos julgar que temos uma responsabilidade em ajudar a este espírito reencarnante que, como nosso filho, apresenta uma dificuldade como a ansiedade de separação, aprofundando mais esta análise constatamos que somos todos beneficiados com uma ajuda imensa no processo de nosso aperfeiçoamento moral e intelectual.

É por isso que faz sentido afirmar que todos estamos no corpo certo, com os problemas certos e na família certa. E esta é a melhor vida que temos: aquela em que podemos trabalhar para o nosso aperfeiçoamento e daqueles que passam (mais uma vez) pelos nossos caminhos.

Muitas vezes, a ansiedade de separação dos pais parece causar um rebuliço na família! Existem casos em que a questão do filho é idêntica à questão de um dos pais. Que, apesar de adulto, ainda mantém uma dificuldade de se separar de sua mãe, dificuldade de identificar e realizar atividades que lhe agradam, dificuldade em se sentir bem sozinho, por ser excessivamente dependente emocionalmente de sua mãe, parceiro ou amigos. Sendo assim, os pais sofrem juntos, pois dizem saber exatamente a dor que os filhos carregam, perguntando-se muitas vezes: "Se não consegui curar minha dor, como posso ajudar meu filho?"

Quem sabe não é a vida trazendo esse filho como oportunidade para que aquele pai possa enfim resolver essa difícil questão? Será mera coincidência? Afinidade de almas? Acordos ou combinações para se libertarem das mazelas que trazem em comum?

O mais provável é que seja impossível definir, mas o fato é que – venho percebendo esse fenômeno com muito frequência –, nesses casos, muitas vezes ambos atravessam e ultrapassam essa dificuldade juntos. O filho parece ter sido não só o convite, mas principalmente o combustível para mover os pais no sentido de se libertarem das próprias dificuldades.

Temos também casos em que os pais se sentem tão diferentes dos "filhos Chico", que não conseguem entender direito o que eles estão passando e sentindo. "Como podem sofrer tanto?", "Por que sofrem assim?", "Será que ele só está querendo chamar atenção?", "Parece

tão exagerado...". Esses pais chegam a parecer, para os que acompanham a situação de fora, frios e insensíveis, porque muitas vezes agem e reagem como que desqualificando ou desconsiderando a enorme dor que tais crianças carregam. Mas lá veio a vida a apresentá-los a um novo tipo de pessoa, com maneiras de sentir e se relacionar tão peculiares... tão intensas! Por amor a seus filhos, esses pais são convidados a mergulhar num novo e diferente mundo em busca do alívio do sofrimento de suas crianças. Essa acaba sendo uma trajetória de transformação e crescimento para todos os envolvidos, trazendo resultados fascinantes para o convívio daquela família.

A observação de inúmeros casos de terapia com crianças e suas repercussões na família me faz crer que ninguém recebe um desafio na vida que não tenha capacidade ou necessidade de ultrapassar; e que, na maioria das vezes, o desafio de um filho é no fundo o desafio de uma família inteira, ou tão somente a alavanca de crescimento para os pais.

Portanto, os pais devem estar atentos ao lidarem e falarem dos problemas de "seus filhos", porque podem ser muito mais deles do que se imagina.

Não importa a presença ou não dos pais na situação da vida passada que originou o trauma; é certo que, por algum motivo, esses familiares se comprometeram em algum momento a participar do problema e da tarefa de dissolvê-lo.

O sucesso do processo de superação desse problema vai depender de um conjunto de fatores, que não serão só da responsabilidade da família, mas também do empenho e da disposição da criança. Se um deles negligenciar seu papel nessa dissolução, pode ser que nada se resolva. Entretanto, se cada um fizer sua parte, a criança enfim se libertará de mais um fardo criado em sua existência.

Aos pais cabe se preocupar, cuidar e buscar ajuda quando necessário, e aos filhos, cabe se abrir, empenhar-se e mudar o que já não é mais adequado e pertinente para seu estágio de consciência atual em termos de comportamentos, hábitos, atitudes, valores, decisões e maneira de ser. Algumas vezes, os pais descobrirão que também necessitam modificar algumas coisas que já não fazem mais sentido em sua vida. Assim é que seus filhos também poderão se modificar.

E a vida vai cumprindo seu papel, ao desenvolver em nós os sentimentos de amor e compaixão, utilizando a dor e o sofrimento para despertar a necessidade de transformação rumo a um futuro mais consciente e lúcido.

ATIVIDADES QUE OS PAIS PODEM FAZER PARA AJUDAR "CRIANÇAS CHICO" A SUPERAREM SUAS DIFICULDADES

Nos casos em que a família, por alguma razão, encontra-se impossibilitada de buscar ajuda profissional para sua "criança Chico", deixarei algumas dicas aos pais que poderão ajudar as crianças a elaborar e conseguir conviver melhor com sua ansiedade de separação.

1. Permitam que a criança expresse seus sentimentos e pensamentos, mesmo que pareçam não fazer sentido a vocês. Aceitem e acolham sua dor e seu sofrimento.

2. Convidem a criança a criar brincadeiras nas quais ela possa experimentar ou reviver situações de sofrimento, ocorridas realmente ou

inventadas por ela através de contação de histórias, teatrinhos com bonecos, fantoches ou mesmo encenadas com os membros da família. Por exemplo: embarcar com ela na brincadeira do bichinho que foi abandonado e está só, largado na rua e precisando ser resgatado e cuidado por vocês. Nessa brincadeira, a criança pode ser o bichinho abandonado ou pedir que um dos pais o seja, ou ainda pode eleger algum boneco ou bicho de pelúcia para assumir esse papel, a fim de que vocês, juntos, possam encontrar esse ser abandonado e lhe dar o devido acolhimento. Ao chegarem em casa, vocês podem dar água, comida, banho, carinho e proteção ao bichinho adotado! Mas deixem sempre que a criança vá, na medida do possível, dando as coordenadas e dizendo o que vocês devem fazer, bem como qual será o próximo passo da brincadeira. É comum que a criança queira repetir essa mesma brincadeira milhares de vezes. Isso é sinal de que ela está ainda, através dessa atividade lúdica, elaborando coisas acerca de sua dificuldade. Permita que isso aconteça quantas vezes ela necessitar! Até que um dia, naturalmente, ela vai sugerir uma brincadeira diferente.

3. Peça que a criança desenhe ou crie histórias de personagens que sentiram um medo "grandão", igual ao dela, quando tiveram que desgrudar da mamãe. Vocês podem dar vida a esses personagens, encenar essas histórias ou tentar propor um final diferente para alguma história triste, de forma que a criança e o personagem fiquem mais satisfeitos... Mas lembrem-se: é sempre a criança quem deve criar, montar e modificar as histórias. Vocês apenas a ajudarão a deixar fluir o que necessita para superar sua dificuldade.

4. Ajudem as crianças a pensar em maneiras de colocar o medo que sentem nos momentos de separação para fora. Primeiramente, explorem com elas o local do corpo onde parece que elas sentem o medo e o que parece acontecer naquele local enquanto ela sente o medo (o lugar esquenta, pesa, congela, dói?). Permitam que a criança fale livremente sobre como sente seu medo, estando abertos a ouvir relatos do tipo: "parece que arrancaram um pedaço do meu coração" ou "parece que tá tudo escuro e assustador dentro de mim" etc. Feito isso, procurem, junto com a criança, uma forma de liberar esse sentimento doloroso e perturbador. Vocês poderão fazer isso através da imaginação, criando uma maneira de modificar e retirar esse medo, ou mesmo com alguma tarefa ou atividade física. Deixem sempre que a criança escolha a melhor maneira que ela julga poder utilizar para fazer escoar seu medo.

Citarei exemplos de trabalhos de imaginação utilizados: imaginar procurar e costurar o pedaço do coração arrancado (fazer de olhos fechados e/ou desenhar isto); imaginar iluminar a escuridão dentro do corpo da criança usando lanternas, velas, luzes das mais variadas cores.

Como exemplo de tarefas ou atividades físicas para fazer escoar o medo, temos: manusear massas de modelar ou argila e imaginar que todo o medo vai sendo drenado para a massa, pular, dançar, socar almofadas, picar palavras ou desenhos feitos em um papel, lançar bolinhas de papel no ar.

5. Tente sugerir que a criança eleja um objeto ou brinquedo que lhe transmita segurança e coragem nos momentos em que ela precisar se afastar dos pais para realizar alguma atividade, incentivando-a a carregá-lo com ela em uma oportunidade futura. Nesse caso, vocês podem experimentar em casa o afastamento (mudando de cômodos, por exemplo) e explorar como a criança se sente sem ver a mãe, mas com o objeto ou brinquedo junto dela. Com isso, procurem encorajar a criança a olhar ou segurar o objeto e se lembrar do elástico que está o tempo todo unindo ela aos pais. Lembrem à criança que ela deve se esforçar para pensar com positividade nos momentos de separação: "Logo estarei com meus pais!"

6. Lembrem-se sempre de que nossos filhos são espíritos que foram colocados sob nossa responsabilidade, para que possamos fazer por eles o que ELES NECESSITAM, PARA QUE TENHAM UM DESENVOLVIMENTO ADEQUADO E SAUDÁVEL. É fundamental estarmos imbuídos de uma dose generosa de paciência e firmeza para auxiliar os filhos que atravessam essas dificuldades.

7. Se puderem, levem essa criança em seus momentos de dificuldade e sofrimento à terapia. Existem profissionais e locais que realizam atendimentos sociais, favorecendo mesmo os pais sem recursos financeiros. É muito importante que a criança possa ser tratada e ouvida por alguém que a compreenda, acolha e ajude a superar suas dificuldades. Ninguém melhor do que um terapeuta para proporcionar isso!

Compartilho aqui com vocês uma atividade que realizei com meu filho, Matheus, de 4 anos utilizando a estória do Chico.

Vocês podem experimentar esta atividade com seus filhos, clientes ou conhecidos "Chico" e verificar o que aparece!

Fiz assim:

Contei a estória para ele e pedi que fizesse ao final um desenho sobre ela. Um desenho livre, desenhando o que ele desejasse. Ofereci o material para desenho com algumas folhas ofício, caneta hidrocor, lápis de cor e giz de cera.

Ao final do desenho pedi que ele compartilhasse comigo o que produziu. E ele me explicou que fez um novo final para a estória!

"Um dia, o Chico saiu de casa muito feliz para ir ao parquinho mais perto da mamãe (junto dela). Então quando ele saiu, foi correndo feliz para ir no parquinho com a mamãe e quando ele viu que estava longe da mamãe, ele percebeu que não tinha mais medo de ficar longe dela e ficou muito feliz porque ele descobriu que podia brincar fora de casa, podia brincar no parquinho e na escola. E até a sua mãe ficou muito feliz, tão feliz que até pulou uma pedra que estava no meio do caminho. FIM".

Bibliografia:
O Livro dos Espíritos. Allan Kardec.
O evangelho segundo o espiritismo. Allan Kardec.
Crianças e suas vidas passadas. Carol Bownman.
Nossos Filhos são espíritos. Hemínio Miranda.
Autodescobrimento. Divaldo Pereira Franco.
O Sentido do Sofrimento. Milton Menezes.
Terapia de Vida Passada e Espiritismo. Milton Menezes.